PÉTITION

AUX CHAMBRES.

PARIS, IMPRIMERIE DE POUSSIELGUE,
Rue du Croissant-Montmartre, 12.

PÉTITION

A LA CHAMBRE DES PAIRS

ET

A LA CHAMBRE DES DÉPUTÉS,

PRÉSENTÉE LE   JANVIER 1837

Par S. A. R. le Duc de Normandie,

Connu sous le nom de Naundorff.

A PARIS,

CHEZ MADAME Vᵉ GOULLÉ, LIBRAIRE,

AU PALAIS-ROYAL, GALERIE D'ORLÉANS,

ET CHEZ MONTMAUR, RUE DE SEINE S.G., 53.

—

1837.

PÉTITION
AUX CHAMBRES.

Messieurs les députés,

Victime de la tourmente révolutionnaire, dont les suites furent si funestes à la France et à l'Europe, je connus bien jeune les souffrances, et ma vie tout entière a été le jouet des diverses combinaisons politiques qui ont dirigé les gouvernements successifs de la nation. Sans les secours marqués de la Providence, une mort violente comme celle de ma royale famille eût été probablement le terme de ma captivité au Temple : c'est assez vous dire quelles sont mes prétentions, et que je soutiens être fils de Louis XVI et de Marie-Antoinette.

Cependant, messieurs les députés, ce n'est pas la réclamation de mon nom que je vous adresse en ce moment; le tribunal de la Seine, seul compétent pour en connaître, est saisi de ma demande par une assignation que j'ai donnée à ma sœur, madame la duchesse d'Angoulême, le 13 juin 1836. Je viens seulement vous déférer un acte de souveraine injustice, un acte flagrant d'illégalité du dernier ministère, en demander la réparation et solliciter ma rentrée en France.

La législation de ce pays et la Charte, qui régit son droit constitutionnel, ont été ouvertement violées par le pouvoir à mon égard dans les mesures tyranniques qu'on a exercées contre moi, et dont le complément a été mon expulsion hors du territoire. Le 15 juin, deux jours après ma citation à ma famille, à l'instant même où je venais de me placer sous la protection légale des magistrats, sur un ordre non motivé mon domicile fut envahi par la police, mes papiers furent saisis et fouillés sans contrôle et sans inventaire, malgré la protestation écrite de mon avocat ; moi-même je fus conduit au dépôt de la préfecture de police, où je suis resté vingt-six jours, sans qu'on ait pris la peine, aux termes des lois impérieusement obligatoires, de régulariser cette arrestation arbitraire. Enfin, pour éviter d'être conduit de brigade en brigade et de prison en prison, j'ai été obligé de payer deux gendarmes, qui m'ont accompagné à Calais jusque sur le paquebot d'Angleterre, pays où je réside actuellement.

Pourquoi ces violences, cet abus de pouvoir, cette violation de la plus sacrée des libertés, de la liberté individuelle?.... Dira-t-on que je troublais la tranquillité publique? Mais alors pourquoi m'avoir laissé pendant trois ans libre et tranquille? Pourquoi ne m'avoir pas arrêté quand ma conduite aurait donné l'éveil à l'autorité? Pourquoi M. le préfet de police et M. le ministre de l'intérieur ont-ils déclaré à mes conseils qu'on n'avait rien à me reprocher? L'appel franc et loyal que je faisais aux magistrats de l'ordre judiciaire n'était-il pas au contraire rassurant pour le pouvoir, et une preuve que je ne voulais rien devoir aux passions politiques? Ou bien voudrait-on soutenir que je suis étranger, se fondant sur ce que le gouvernement prussien m'a imposé en 1810 le nom de Charles-Guillaume Naundorff? Mais ce gouvernement, lors de mon arrestation, a refusé de me recevoir dans ses états, déclarant que je ne suis pas Prussien.

Vous dites que je suis étranger; où sont vos preuves? L'autorité n'ignorait pas que je soutiens être Français, et au nom de la patrie, heureuse de retrouver un de ses enfants, ne devait-elle pas peser mes prétentions?

Les tribunaux étaient saisis de ma réclamation; à eux seuls appartenait le droit de la juger; et le ministère est venu paralyser l'action de la loi, mettre des entraves à l'exercice de la justice; car vous comprenez, messieurs les députés, que sur la terre d'exil on me rend impossible les preuves que je veux administrer, et que, dans une cause de cette nature, la présence du demandeur au Palais est nécessaire pour la communication et la discussion des documents que moi seul je puis procurer à mes juges, et surtout pour que je puisse être confronté avec les témoins qui viendront attester mon identité.

Mes plaintes ont été portées au ministre de l'intérieur; une dénonciation a été remise à M. le garde-des-sceaux; justice a été sollicitée par moi près du conseil d'état, ainsi que le prouvent les pièces ci-jointes. Partout on a refusé de m'entendre et de me faire justice, partout on a refusé de me faire jouir du bénéfice des lois protectrices des droits et de la liberté des Français; et depuis six mois je subis sur la terre étrangère un exil qui n'a d'autre sanction que le bon plaisir et la volonté inique des ministres.

C'est donc à vous, messieurs les députés, à vous qui avez reçu de la confiance de vos concitoyens et de la loi l'imposante mission de rappeler les ministres qui s'égarent à l'exécution des lois et au respect des droits consacrés par la Charte ; c'est à vous, juges absolus des actes administratifs, de décider si la responsabilité ministérielle est réelle ou chimérique ; c'est à vous que je m'adresse avec une plaine sécurité, pour que vous prescriviez au ministère de réparer, en me rendant la faculté de rentrer en France, la monstrueuse illégalité dont je suis victime.

Londres, le 30 décembre 1836.

Signé Charles-Louis, duc DE NORMANDIE, connu sous le nom de NAUNDORFF.

OBSERVATIONS SOMMAIRES

SUR L'ARRESTATION

DE

M. DE NAUNDORFF.

C'est un droit pour tout honnête homme d'empêcher un abus de pouvoir quand il en a les moyens; c'est une impérieuse obligation pour un avocat de s'interposer entre l'autorité et son client, quand celui-ci se trouve victime d'une flagrante violation de la loi.

Les soussignés, dans toute l'énergie d'une conscience qui ne sait pas transiger avec ses devoirs, accompliront la noble tâche qu'ils se sont imposée en acceptant la confiance de M. de Naundorff, aujourd'hui en instance devant le tribunal de la Seine pour se faire restituer le nom du duc de Normandie, qu'il soutient lui appartenir. La solution de la difficulté qui vient de nous

être suscitée par le pouvoir ne peut-être indiffé-
rente pour l'opinion publique. Ici les sentiments
divers de la nation doivent se confondre : il s'a-
git de la cause de la liberté individuelle.

Quel que soit l'homme contre lequel une vio-
lence illégale est dirigée, il est digne, par cela
même, de l'intérêt de tous ses concitoyens. La
loi seule est la règle d'action possible pour l'autorité, et quand une fois l'arbitraire opprime
un individu, si la justice n'est pas saisie, à l'effet de rappeler le fonctionnaire qui s'égare à
l'exécution des lois, et de soustraire l'opprimé
aux funestes conséquences de l'illégalité qui pèse
sur lui, il n'y a plus de sécurité pour personne.

Nous n'essaierons pas de combattre en ce moment les impressions hostiles qui ont accueilli
en France l'annonce du grand procès qui s'instruit. Le jour n'est pas éloigné où il nous sera
permis de déchirer le voile qui enveloppe encore
les quarante années d'existence que notre client
a passées dans les cachots et sous l'oppression
permanente des diverses combinaisons politiques. Bientôt nous livrerons au public les mo-
tifs de notre conviction, et toutes les incrédu-
lités viendront s'anéantir devant des documents
qui ne laisseront plus aux esprits de bonne foi
la possibilité d'un doute. Ici nous ne traitons

qu'une question de légalité; nous rendons compte aux barreaux de France, à la magistrature, aux gens de bien dont le témoignage nous importe, des efforts que nous avons faits jusqu'ici pour repousser une injustice qui nous révolte.

On sait que depuis plus de trois ans M. de Naundorff, qui avait exercé la profession d'horloger mécanicien en Prusse, vint s'établir à Paris, et qu'à l'exception de quelques courtes et rares absences il n'a pas quitté cette capitale. Ce nom, qui lui avait été imposé par le gouvernement prussien pour le soustraire au despotisme de Napoléon, couvre la prétention d'être *Français*, *né au château de Versailles le 27 mars 1785*. Dès 1814, et successivement jusqu'à son arrivée en France, il n'a cessé de s'adresser aux Bourbons, et de leur redemander le nom qu'il sait lui appartenir. Toutes ses démarches ont eu pour résultat de soulever contre lui des passions haineuses et de l'exposer aux intrigues d'une diplomatie qui le fit accuser *mensongèrement* devant la justice de Brandebourg et arrêter comme un malfaiteur, lui qui venait d'obtenir des magistrats de Spandau un certificat attestant qu'il fut toujours le modèle des bourgeois de sa résidence. Ses ennemis se prévalent aujourd'hui de ces persécutions politiques pour attaquer sa moralité et le signaler à ses compatriotes sous un aspect ridicule et flétrissant. Nous qui l'avons vu dans ses jours de liberté, qui le visitons sous les verrous, nous devons, par hommage pour la vérité, déclarer aussi à notre tour qu'il est en France le modèle des hommes de bien. Noblesse d'âme, sensibilité du cœur, amour de la vérité, pardon des injures, horreur du vice, sous quelque face qu'il se présente, sont les traits saillants de son caractère. Voici le cinquième jour qu'il est détenu sous le misérable prétexte que *c'est un étranger*, comme si nos lois autorisaient l'arrestation préventive des étrangers qui, en respectant ces mêmes lois, résident paisiblement au milieu de nous. Son attitude est celle du juste qui se repose avec sérénité dans une conscience irréprochable, qui supporte avec le courage de la vertu les souffrances qu'un pouvoir mal conseillé lui impose illégalement, attendant, sans l'amertume de la plainte, que l'erreur dont il est la victime soit réparée.

A peine arrivé à Paris, notre client prévint officiellement le roi des Français et de sa résidence en France, et de ses prétentions, qu'il déclara immédiatement devoir être portées devant ses juges naturels.

Ces prétentions, il voulut de suite les faire reconnaître par les tribunaux ; mais aucun avoué n'ayant consenti à occuper pour lui, M. le président du tribunal de première instance lui en désigna un d'office.

Ces prétentions, elles étaient publiquement annoncées. Lors du procès de *Richemont* devant la cour d'assises de la Seine, M. Morel de Saint-Didier remit une lettre au président, dans laquelle M. de Naundorff traitait ce prévenu d'imposteur, et déclarait son intention de saisir les tribunaux d'une demande en réclamation d'état.

Ces prétentions, elles n'étaient ignorées de personne : un journal, d'une bien courte existence à la vérité, entretenait chaque jour le public de cette importante affaire et fournissait des renseignements favorables.

Enfin sa moralité, sa probité n'étaient ignorées de personne, et tout le monde savait que le rédacteur en chef du journal *la Justice* l'avait traduit en police correctionnelle comme escroc ; et après le plus simple examen, tout le monde savait aussi que le véritable escroc n'était pas celui qui paraissait sur le banc des prévenus.

Le 13 de ce mois, une assignation déposée et visée au parquet de M. le procureur du roi, cite madame la duchesse d'Angoulême devant le tribunal de première instance.

D'où vient donc que le 15, par conséquent *deux jours après la citation*, sans motif, sans qu'on se soit donné la peine d'en indiquer un, sans qu'on ait donné copie du mandat d'arrêt lancé contre M. Naundorff, on l'ait enlevé de son domicile et qu'on ait saisi ses papiers, sans même prendre la peine d'en dresser un état !

Depuis deux ans nous en sommes informés, l'autorité cherchait un prétexte et une occasion de l'arrêter. Tous ses pas, toutes ses démarches étaient donc éclairés ; et cependant on le laissait libre et tranquille. Pourquoi ? parcequ'on ne pouvait lui reprocher aucune infraction aux lois.

Comment alors s'expliquer qu'aussitôt qu'il prend une position plus solide, la seule convenable, qu'aussitôt qu'il se place sous l'égide des lois en soumettant aux juges civils la question d'état, qu'eux seuls sont compétents pour décider, tout à coup la bienveillance de l'autorité cesse à son égard, et qu'on le jette dans une prison ?

On nous a dit que, *comme étranger*, le gouvernement avait donné l'ordre de l'expulser de France. Mais, s'il est étranger, à quelle nation appartient-il ? Il n'a jamais habité que la Prusse, en 1810, et nous lisons l'article suivant dans la *Gazette d'Etat de Prusse*, du...

Berlin, 30 mai. — Au mois de juillet prochain il sera plaidé devant le tribunal de première instance du département de la Seine un procès qui ne va pas manquer d'exciter la curiosité. M. Naundorff, connu par son séjour de plusieurs années en Prusse, où il a exercé la profession d'horloger, *veut établir et prouver en justice la fausseté de l'acte mortuaire de Louis XVII, dressé sous la date du 8 juin 1795.* Il s'arroge et prend lui-même les noms de Charles-Louis et la qualité du dauphin de France, fils de Louis XVI et de Marie-Antoinette. On est ici très curieux de connaître la marche et l'issue de cette affaire, qui intéresse à un aussi haut point par son importance, par la quantité et la qualité des témoins qui seront entendus contradictoirement pendant les débats, et dont les dispositions ne peuvent pas manquer de présenter le plus vif intérêt. *Toutes les démarches faites pour découvrir la famille et le lieu de naissance de M. Naundorff n'ont, en général, abouti à aucun résultat satisfaisant.* On est seulement parvenu à savoir que M. Naundorff est arrivé en Prusse *en 1810 ;* qu'il a *joui* pendant deux années *du droit de bourgeoisie, à Spandau, et qu'il s'est marié ici en 1818, sans qu'il « eût produit son extrait de naissance. »* Il n'y a rien de moins prouvé, sans doute, que le décès réel du Dauphin dans la prison du Temple, et cette circonstance, jointe à l'incertitude de l'origine de M. Naundorff, promet, dans tous les cas, des débats on ne peut plus intéressants, que nous ferons connaître à nos lecteurs.

Nous ne connaissons de lois sur les individus

étrangers que celle citée dans la plainte à M. le garde-des-sceaux, et celle du 28 vendémiaire an VI. L'article 7 est ainsi conçu :

Art. 7. Tous étrangers voyageant dans l'intérieur de la république ou y résidant sans y avoir une mission des puissances nutres et amies, reconnues par le gouvernement français, ou sans avoir acquis le titre de citoyen, sont mis sous la surveillance spéciale du directoire exécutif, qui pourra retirer leurs passeports et leur enjoindre de sortir du territoire français s'il juge leur présence susceptible de troubler l'ordre et la tranquillité publique.

Nulle part, dans ces deux lois, le pouvoir n'est autorisé à faire précéder l'expulsion d'une arrestation provisoire et à saisir les papiers de l'étranger. Combien cette saisie est perfide lorsque ces papiers sont des documens à un procès commencé.

Au moment où l'arrestation de notre client a eu lieu, toutes les présomptions, même légales, sont en faveur de sa prétention d'être Français. Les tribunaux étaient saisis; la question désormais était du domaine de la justice civile, et les mesures prises par l'administration, indépendamment qu'elles ne sont justifiées par aucune loi, sont encore une atteinte portée à l'indépendance de la magistrature judiciaire, une violation du droit légitime de la défense, la privation, pour un citoyen qui se dit Français, et qui l'est en effet jusqu'à preuve contraire, de la plus sacrée des garanties, de la liberté individuelle.

Nos protestations ont été fermes et réitérées auprès des diverses branches du pouvoir. Nous attendons avec anxiété une solution qui tarde bien à venir.

Paris, 19 juin 1836.

Les avocats membres du conseil judiciaire de M. le duc de Normandie.

MM. GRUAU , ancien procureur du roi, BRIQUET, avocat à la cour royale.

(Suit la copie de la réclamation adressée à M. le ministre de la justice.)

MONSIEUR LE MINISTRE DE LA JUSTICE,

Les avocats soussignés, faisant partie du conseil judiciaire de M. de Naundorff, se prétendant fils de Louis XVI, ont l'honneur d'exposer ce qui suit :

Depuis plus de trois ans la réclamation d'état de M. de Naundorff a été l'objet de l'attention de la France; le gouvernement en a été instruit, et la police n'ignorait pas qu'il était en France et résidait publiquement à Paris long-temps avant ce jour. Tous ses pas, toutes ses démarches, toutes ses communications ont été, nous n'en doutons pas, l'objet d'une surveillance spéciale de la part de l'autorité; lors du procès de l'imposteur Richemont, il a déclaré hautement, par une lettre adressée au président de la cour, que lui seul était en possession réelle du titre de duc de Normandie. Le porteur de cette missive, mis à l'instant en état d'arrestation par un réquisitoire du ministère public, a obtenu un arrêt d'acquittement, dont la conséquence était encore pour lui un nouveau titre à la confiance que les lois de son pays le protégeraient contre l'arbitraire du pouvoir. Le roi des Français avait été prévenu officiellement par lui de son intention de faire déclarer par ses juges naturels qu'il est né Français, et qu'il n'a été privé de son état civil que par un faux acte de décès. Le 13 de ce mois, il a assigné sa famille de Prague devant le tribunal de première instance de la Seine; l'exploit a été visé au parquet de M. le procureur du roi... Comment donc s'expliquer qu'en présence de tous ces faits notoirement connus, et spécialement par l'autorité, le 15 du même mois, par ordre de M. le préfet de police, il ait été enlevé de son domicile, incarcéré, et qu'on l'ait dépouillé de tous les papiers qui sont sa propriété et les titres qu'il doit présenter dans son procès à l'appui de sa réclamation? Le mandat ne précise aucunement la cause d'une mesure aussi rigoureuse, et qui ne peut être que la suite d'un genre quelconque de prévention, qui doit être expliqué.

Les démarches faites par les conseils de M. de Naundorff à la préfecture de police et au ministère de l'intérieur leur ont appris qu'on voulait lui appliquer une législation temporaire, susceptible d'atteindre les étrangers, et le faire conduire hors de France par la gendarmerie. Dans l'ignorance où nous sommes des dispositions de la loi qu'on prétend exécuter, nous ne pouvons nous convaincre qu'elles soient sainement entendues. Toujours est-il qu'en supposant une loi qu'on n'a pas citée et que nous ne connaissons pas, nous ne pourrions encore comprendre l'enlèvement de papiers au milieu desquels le pouvoir n'avait pas le droit de fouiller.

La loi du 21 avril 1832 autorise, il est vrai, le gouvernement à réunir dans une ou plusieurs villes qu'il désignera *les étrangers réfugiés* qui résideront en France (art. 1er).

Par l'art. 2 le gouvernement peut *enjoindre à ces étrangers réfugiés* de sortir du royaume, s'il juge leur présence susceptible de troubler l'ordre et la tranquillité publique.

L'art. 3 décide que cette loi ne *sera en vigueur* que pendant une année, à compter du jour de sa promulgation.

Evidemment ce n'est pas là la loi que M. le ministre de l'intérieur entend appliquer à notre client; elle n'autorisait pas l'arrestation; elle n'est plus en vigueur, et elle fut rendue pour un cas tout spécial; cependant nous ne pouvons nous dissimuler qu'elle seule a dû être le prétexte bien illégal, sans doute, des violences dont a le droit de se plaindre le prétendant duc de Normandie.

Comment, du reste, le pouvoir administratif, incompétent pour donner une patrie à un individu, peut-il s'arroger le pouvoir arbitraire de considérer comme étranger, pour le jeter hors du sol français, celui qui ne cesse de dire qu'il est Français, et qui, sous ce rapport en instance devant un tribunal français, attend avec confiance la confirmation de cet état qu'il réclame?

C'est décider bien illégalement une question

qui n'est pas du domaine de l'administration, uniquement dans le but arbitraire de frapper de l'ostracisme l'homme qu'on ne peut chasser de France sous l'empire de la liberté qu'assurent nos lois civiles et politiques. Voyez la conséquence affreuse d'une marche si insolite! Si le tribunal civil admet la prétention, l'administration aura tourné alors contre un citoyen français les lois de son pays qui devaient le protéger.

C'est entraver le cours de la justice et empiéter sur des juridictions distinctes; c'est violer le secret des papiers de famille; c'est s'immiscer par usurpation de droits dans des communications que le seul propriétaire des documents écrits a le droit de soumettre à ses juges naturels; c'est presque empêcher que justice ne soit rendue; c'est du moins apporter des obstacles à la suite naturelle d'un procès intenté, dont les funestes conséquences sont incalculables pour la victime de ces abus de pouvoir. Si un pareil mode d'administration pouvait être sanctionné par M. le ministre de la justice, ce serait avec effroi, qu'on pourrait s'écrier qu'il n'y a plus de liberté en France.

En présence de tous ces faits, qui sont de la plus haute gravité, monsieur le ministre, et que nous vous dénonçons, nous pensons qu'il suffit de vous rappeler l'art. 77 de l'acte du 13 décembre 1799, les articles du Code pénal 114, 115, 116, 117 et 119 et l'art. 29 du Code d'instruction, pour qu'il vous plaise faire remettre immédiatement en liberté M. Naundorff, lui faire rendre les papiers dont il a été dépouillé; sous toutes réserves par ledit M. Naundorff de se pourvoir à l'ordinaire ou à l'extraordinaire contre qui de droit pour que justice soit faite.

Paris, 18 juin 1836.

Signé : MM. GRUAU , avocat , ancien procureur du roi; RIQUET , avocat à la cour royale.

AU ROI,

EN SON CONSEIL D'ÉTAT.

SIRE,

Nous avons recours à votre justice suprême
en faveur d'un homme se disant Français, se
prétendant fils de Louis XVI et de Marie-Antoinette, quoique portant le nom de Charles-
Guillaume Naundorff. Il vivait paisiblement à
Paris ; aucune tentative de trouble et de désor-
dre ne l'avait signalé à la police de votre royaume,
lorsque le 13 juin dernier il voulut s'adresser à
vos tribunaux pour obtenir contre madame la
duchesse d'Angoulême, qu'il appelle sa sœur, la
reconnaissance de son titre d'enfant de Louis XVI.
Une assignation à M. le duc d'Angoulême, à
Charles X, les appela, chacun selon sa qualité,
devant le tribunal civil de la Seine. Elle fut dé-

posée au parquet de M. le procureur du roi,
Le lendemain 15 juin, le demandeur fut saisi au
corps dans son domicile, tous ses papiers furent
enlevés, sans contrôle et sans inventaire ; il fut
transporté au dépôt de la préfecture de police,
où il est encore prisonnier.

Un arrêté du préfet de police, en date du 5 juillet, à lui notifié le 6, lui apprend qu'il va être
remis à la gendarmerie pour être conduit à
Calais.

Cet arrêté se fonde sur l'article 7 de la loi
du 28 vendémiaire an VI, et sur trois décisions
émanées de M. le ministre de l'intérieur, l'une
du 9, l'autre du 29 juin, la troisième du 4 juillet
courant, qui autorisent le préfet de police à expulser du royaume le nommé Naundorff, âgé
de cinquante-un ans, né en Prusse.

Sire, l'avocat soussigné ne peut savoir ce qu'il
y a de réel ou d'imaginaire dans les qualifica-
tions que se donne le demandeur ; ni le conseil
du roi, ni le ministre n'ont pouvoir de prononc-
cer une décision sur des prétentions qui touchent
à une question d'état.

Mais d'une part, trois décisions ministérielles,
de nous inconnues, ordonnent ou autorisent
l'expulsion qui nous menace, et qui va peut-être
s'exécuter à l'heure même ; ces décisions, nous

les attaquons comme violant toutes les lois, comme faisant la plus fausse application de l'article 7 de la loi de vendémiaire ; comme jugeant, par le fait et par un acte de rigueur sans motif, une question de droit civil dont l'exposant a nanti les tribunaux qui rendent la justice en votre nom.

D'autre part, depuis vingt-trois jours, retenu dans une prison, sans qu'aucun fait repréhensible lui ait été reproché, un homme qui se prétend Français, et fut-il étranger, un homme que l'on déclare n'avoir commis aucun délit, est privé de liberté, de communication avec le dehors.

A tous ses titres, son infortune se recommande à la protection d'un membre de ce barreau de France, appui de toutes les infortunes ; sa cause réclame l'intervention immédiate de cette juridiction suprême, dernier asile du citoyen ou de l'étranger qui se plaint de la haute administration. A ces causes, et sans autre développement, l'audience devant y suppléer, le sieur Charles-Louis, se disant duc de Normandie, plus connu sous le nom de Charles-Guillaume de Naundorff, demande au roi en son conseil qu'il lui plaise ;

Statuant sur la présente requête, casser et annuler toute décision administrative qui autoriserait sa détention ; et de suite casser et annuler les trois décisions dont il est parlé dans l'arrêté ci-joint, et ordonner la mise en liberté de l'exposant.

Ordonner que, pour être statué sur le tout, il sera accordé à l'exposant, toutes choses demeurant en l'état, l'audience la plus prochaine.

Et le roi fera justice.

Signé A. CRÉMIEUX.

COMITÉ

DE LÉGISLATION ET DE JUSTICE ADMINISTRATIVE.

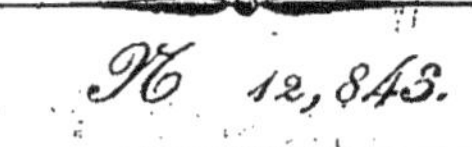

M. VIVIEN, rapporteur.

Adoptée par le Conseil d'État, le 14 juillet 1836.
Approuvée le 2 août 1836.

CONSEIL D'ÉTAT.

LOUIS-PHILIPPE, roi des Français,

Sur le rapport du comité de législation et de justice administrative ;

Vu la requête à nous présentée au nom du sieur Charles-Guillaume Naundorff, se disant Charles-Louis, duc de Normandie, ladite requête enregistrée au secrétariat-général de notre

Conseil d'État, le 7 juillet 1836, et tendante à ce qu'il nous plaise casser et annuler toute décision administrative qui autoriserait sa détention, et, de suite, casser et annuler les trois décisions de notre ministre de l'intérieur, mentionnées dans un arrêté du préfet de police, du 5 juillet 1836, lequel est joint au pourvoi, et ordonner la mise en liberté de l'exposant;

Vu l'arrêté sus daté du préfet de police ;

Vu l'article 7 de la loi du 28 vendémiaire an VI ;

Ouï M⁰ Crémieux, avocat du sieur Naundorff;

Ouï M. Germain, maître des requêtes remplissant les fonctions du ministère public ;

Considérant que les actes contre lesquels est dirigé le pourvoi ci-dessus appartiennent à la haute police du royaume, et ne peuvent dès lors nous être déférés en notre Conseil d'État par la voie contentieuse;

Notre Conseil d'État entendu,

Nous avons ordonné et ordonnons ce qui suit :

ARTICLE PREMIER.

La requête du sieur Naundorff est rejetée.

ARTICLE II.

Notre garde-des-sceaux, ministre secrétaire

d'état au département de la justice et des cultes,
et notre ministre secrétaire d'état au département de l'intérieur sont chargés, chacun en ce
qui le concerne, de l'exécution de la présente.

Signé LOUIS-PHILIPPE.

Donné, etc., le 2 août 1836.

FIN.